Todos los libros de Linkgua Ediciones cuentan con modelos de Inteligencia Artificial entrenados por hispanistas. Pregúntale al chat de tu libro lo que desees acerca de la obra o su autor/a.

Para **ebooks:** Accede a nuestro modelo de IA a través de un enlace.

Para **libros impresos:** Escanea el código QR de la portada con tu dispositivo móvil.

Obtén análisis detallados de nuestros libros, resúmenes, respuestas a tus preguntas y accede a nuestras ediciones críticas generativas para una experiencia de lectura más enriquecedora.
La transparencia y el respeto hacia la autoría de las fuentes utilizadas son distintivos básicos de nuestro proyecto. Por ello, las respuestas ofrecen, mediante un sistema de citas, las fuentes con las que han sido elaboradas.

Autores varios

Constitución española de 1869

Barcelona 2025
Linkgua-ediciones.com

Créditos

Título original: Constitución española de 1869.

© 2025, Red ediciones S.L.

e-mail: info@linkgua.com

Diseño de la colección: Michel Mallard.

ISBN rústica ilustrada: 978-84-9953-6033.
ISBN ebook: 978-84-9953-139-7.

Cualquier forma de reproducción, distribución, comunicación pública o transformación de esta obra solo puede ser realizada con la autorización de sus titulares, salvo excepción prevista por la ley. Diríjase a CEDRO (Centro Español de Derechos Reprográficos, www.cedro.org) si necesita fotocopiar, escanear o hacer copias digitales de algún fragmento de esta obra.

Sumario

Brevísima presentación

La Constitución española de 1869 se aprobó bajo el Gobierno Provisional de 1868-1871, formado tras la Revolución de 1868 que puso fin al reinado de Isabel II. Estuvo vigente durante el reinado de Amadeo I y, tras la proclamación de la Primera República Española, en febrero de 1873, solo quedó en vigor el Título I, que proclamaba las libertades y derechos fundamentales. Más tarde fue restablecida tras el golpe de Pavía que dio paso a la dictadura de Serrano. La Constitución española de 1869 fue abolida definitivamente tras el pronunciamiento de Martínez Campos en diciembre de 1874 que dio paso a la Restauración borbónica en España, regida por la Constitución de 1876.

Constitución española de 1869

CONSTITUCIÓN DEMOCRÁTICA DE LA NACIÓN ESPAÑOLA PROMULGADA EL DÍA 6 DE JUNIO DE 1869

La Nación española, y en su nombre las Cortes Constituyentes elegidas por sufragio universal, deseando afianzar la justicia, la libertad y la seguridad, y proveer al bien de cuantos vivan en España, decretan y sancionan la siguiente C O N S T I T U C I Ó N

Título primero. De los españoles y sus derechos

Artículo 1.º Son españoles:

1.º Todas las personas nacidas en territorio español.

2.º Los hijos de padre o madre españoles, aunque hayan nacido fuera de España.

3.º Los extranjeros que hayan obtenido carta de naturaleza.

4.º Los que, sin ella, hayan ganado vecindad en cualquier pueblo del territorio español.

La calidad de español se adquiere, se conserva y se pierde con arreglo a lo que determinen las leyes.

Artículo 2.º Ningún español ni extranjero podrá ser detenido ni preso sino por causa de delito.

Artículo 3.º Todo detenido será puesto en libertad o entregado a la Autoridad judicial dentro de las veinticuatro horas siguientes al acto de la detención.

Toda detención se dejará sin efecto o elevará a prisión dentro de las setenta y dos horas de haber sido entregado el detenido al juez competente. La providencia que se dictare se notificará al interesado dentro del mismo plazo.

Artículo 4.º Ningún español podrá ser preso sino en virtud de mandamiento de juez competente. El auto por el cual se haya dictado el mandamiento, se ratificará o repondrá, oído el presunto reo, dentro de las setenta y dos horas siguientes al acto de la prisión.

Artículo 5.º Nadie podrá entrar en el domicilio de un español, o extranjero residente en España, sin su consentimiento, excepto en los casos urgentes de incendio, inundación u otro peligro análogo, o de agresión ilegítima procedente de dentro, o para auxiliar a persona que desde allí pida socorro. Fuera de estos casos, la entrada en el domicilio de un español, o extranjero residente en España, y el registro de sus papeles o efectos, solo podrán decretarse por el Juez competente y ejecutarse de día. El registro de papeles y efectos tendrá siempre lugar a presencia del interesado o de un individuo de su familia, y, en su defecto, de dos testigos vecinos del mismo pueblo. Sin embargo, cuando un delincuente, hallado *in fraganti* y perseguido por la Autoridad o sus agentes, se refugiare en su domicilio, podrán éstos penetrar en él, solo para el acto de la aprehensión. Si se refugiare en domicilio ajeno, procederá requerimiento al dueño de éste.

Artículo 6.º Ningún español podrá ser compelido a mudar de domicilio o de residencia sino en virtud de sentencia ejecutoria.

Artículo 7.º En ningún caso podrá detenerse ni abrirse por la Autoridad gubernativa la correspondencia confiada al correo, ni tampoco detenerse la telegráfica.

Pero en virtud de auto de juez competente podrán detenerse una y otra correspondencia, y también abrirse en presencia del procesado la que se le dirija por correo.

Artículo 8.º Todo auto de prisión, de registro de morada, o de detención de la correspondencia escrita o telegráfica, será motivado.

Cuando el auto carezca de este requisito, o cuando los motivos en que se haya fundado se declaren en juicio ilegítimo o notoriamente insuficientes, la persona que hubiere sido presa, o cuya prisión no se hubiere ratificado dentro del plazo señalado en el **Artículo** 4.º, o cuyo domicilio hubiere sido allanado, o cuya correspondencia hubiere sido detenida, tendrá derecho a reclamar del juez que haya dictado el auto una indemnización proporcionada al daño causado, pero nunca inferior a 500 pesetas.

Los agentes de la Autoridad pública estarán asimismo sujetos a la indemnización que regule el juez, cuando reciban en prisión a cualquiera persona sin mandamiento en que se inserte el auto motivado, o cuando la retengan sin que dicho auto haya sido ratificado dentro del término legal.

Artículo 9.º La Autoridad gubernativa que infrinja lo prescrito en los artículo 2.º, 3.º, 4.º y 5.º, incurrirá según los casos, en delito de detención arbitraria o de allanamiento de morada, y quedará además sujeta a la indemnización prescrita en el párrafo segundo del **Artículo** anterior.

Artículo 10. Tendrá asimismo derecho a indemnización regulada por el juez, todo detenido que dentro del término señalado en el **Artículo** 3.º no haya sido entregado a la Autoridad judicial.

Si el juez, dentro del término prescrito en dicho **Artículo**, no elevare a prisión la detención, estará obligado para con el detenido a la indemnización que establece el **Artículo** 8.º

Artículo 11. Ningún español podrá ser procesado ni sentenciado sino por el juez o tribunal a quien, en virtud de leyes anteriores al delito, competa el conocimiento, y en la forma que éstas prescriban.

No podrán crearse tribunales extraordinarios ni comisiones especiales para conocer de ningún delito.

Artículo 12. Toda persona detenida o presa sin las formalidades legales, o fuera de los casos previstos en esta Constitución, será puesta en libertad a petición suya o de cualquier español.

La ley determinará la forma de proceder sumariamente en este caso, así como las penas personales y pecuniarias en que haya de incurrir el que ordenare, ejecutare o hiciere ejecutar la detención o prisión legal.

Artículo 13. Nadie podrá ser privado temporal o perpetuamente de sus bienes y derechos, ni turbado en la posesión de ellos, sino en virtud de sentencia judicial.

Los funcionarios públicos que bajo cualquier pretexto infrinjan esta prescripción serán personalmente responsables del daño causado.

Quedando exceptuados de ella los casos de incendio o de inundación u otros urgentes análogos, en que por la ocupación se haya de excusar un peligro al propietario o poseedor, o evitar o atenuar el mal que se temiere o hubiere sobrevenido.

Artículo 14. Nadie podrá ser expropiado de sus bienes sino por causa de utilidad común y en virtud de mandamiento judicial, que no se ejecutará sin previa indemnización regulada por el juez con intervención del interesado.

Artículo 15. Nadie está obligado a pagar contribución que no haya sido votada por las Cortes, o por las Corporaciones populares legalmente autorizadas para imponerla, y cuya cobranza no se haga en la forma prescrita por la ley.

Todo funcionario público que intente exigir o exija el pago de una contribución sin los requisitos prescritos en este **Artículo**, incurrirá en el delito de excepción legal.

Artículo 16. Ningún español que se halle en el pleno goce de sus derechos civiles podrá ser privado del derecho de votar en las elecciones de Senadores, Diputados a Cortes, Diputados provinciales y Concejales.

Artículo 17. Tampoco podrá ser privado ningún español:

Del derecho de emitir libremente sus ideas y opiniones, ya de palabra, ya por escrito, valiéndose de la imprenta o de otro procedimiento semejante.

Del derecho de reunirse pacíficamente.

Del derecho de asociarse para todos los fines de la vida humana que no sean contrarios a la moral pública.

Y, por último, del derecho de dirigir peticiones individual o colectivamente a las Cortes, al Rey y a las Autoridades.

Artículo 18. Toda reunión pública estará sujeta a las disposiciones generales de policía.

Las reuniones al aire libre y las manifestaciones políticas solo podrán celebrarse de día.

Artículo 19. A toda Asociación cuyos individuos delinquieren por los medios que la misma les proporcione, podrá imponérseles la pena de disolución.

La autoridad gubernativa podrá suspender la Asociación que delinca, sometiendo incontinenti a los reos al Juez competente.

Toda Asociación cuyo objeto o cuyos medios comprometan la seguridad del Estado, podrá ser disuelta por una ley.

Artículo 20. El derecho de petición no podrá ejercerse colectivamente por ninguna clase de fuerza armada.

Tampoco podrán ejercerlo individualmente los que formen parte de una fuerza armada, sino con arreglo a las leyes de su instituto, en cuanto tenga relación con éste.

Artículo 21. La Nación se obliga a mantener el culto y los ministros de la religión católica.

El ejercicio público o privado de cualquier otro culto queda garantido a todos los extranjeros residentes en España, sin más limitaciones que las reglas universales de la moral y del derecho.

Si algunos españoles profesaren otra religión que la católica, es aplicable a los mismos todo lo dispuesto en el párrafo anterior.

Artículo 22. No se establecerá ni por las leyes, ni por las Autoridades, disposición alguna preventiva que se refiera al ejercicio de los derechos definidos en este título.

Tampoco podrán establecerse la censura, el depósito ni el editor responsable para los periódicos.

Artículo 23. Los delitos que se cometan con ocasión del ejercicio de los derechos consignados en este título, serán penados por los tribunales con arreglo a las leyes comunes.

Artículo 24. Todo español podrá fundar y mantener establecimientos de instrucción o de educación, sin previa licencia, salva la inspección de la Autoridad competente por razones de higiene y moralidad.

Artículo 25. Todo extranjero podrá establecerse libremente en territorio español, ejercer en él su industria, o dedicarse a cualquiera profesión para cuyo desempeño no exijan las leyes títulos de aptitud expedidos por las Autoridades españolas.

Artículo 26. A ningún español que esté en el pleno goce de sus derechos civiles podrá impedirse salir libremente del territorio, ni trasladar su residencia y haberes a país extranjero, salvas las obligaciones de contribuir al servicio militar o al mantenimiento de las cargas públicas.

Artículo 27. Todos los españoles son admisibles a los empleos y cargos públicos según su mérito y capacidad.

La obtención y el desempeño de estos empleos y cargos, así como la adquisición y el ejercicio de los derechos civiles y políticos, son independientes de la religión que profesen los españoles.

El extranjero que no estuviere naturalizado no podrá ejercer en España cargo alguno que tenga aneja autoridad o jurisdicción.

Artículo 28. Todo español está obligado a defender la Patria con las armas cuando sea llamado por la ley, y a contribuir a los gastos del Estado en proporción de sus haberes.

Artículo 29. La enumeración de los derechos consignados en este título no implica la prohibición de cualquiera otro no consignado expresamente.

Artículo 30. No será necesaria la previa autorización para procesar ante los tribunales ordinarios a los funcionarios públicos, cualquiera que sea el delito que cometieren.

El mandato del superior no eximirá de responsabilidad en los casos de infracción manifiesta, clara y terminante de una prescripción constitucional. En lo demás, solo eximirá a los agentes que no ejerzan autoridad.

Artículo 31. Las garantías consignadas en los artículo 2.º, 5.º, y 6.º, y párrafos 1.º, 2.º y 3.º del 17, no podrán suspenderse en toda la Monarquía ni en parte de ella, sino temporalmente y por medio de una ley, cuando así lo exija la seguridad del Estado en circunstancias extraordinarias.

Promulgada aquélla, el territorio a que se aplicare se regirá, durante la suspensión, por la ley de Orden público establecida de antemano.

Pero ni en una ni en otra ley se podrán suspender más garantías que las consignadas en el primer párrafo de este **Artículo**, ni autorizar al Gobierno para extrañar del Reino, ni deportar a los españoles, ni para desterrarlos a distancia de más de 250 kilómetros de su domicilio.

En ningún caso los Jefes militares o civiles podrán establecer otra penalidad que la prescrita previamente por la ley.

Título II. De los poderes públicos

Artículo 32. La soberanía reside esencialmente en la Nación, de la cual emanan todos los poderes.

Artículo 33. La forma de gobierno de la Nación Española es la Monarquía.

Artículo 34. La potestad de hacer las leyes reside en las Cortes.

El Rey sanciona y promulga las leyes.

Artículo 35. El Poder ejecutivo reside en el Rey, que lo ejerce por medio de sus Ministros.

Artículo 36. Los Tribunales ejercen el poder judicial.

Artículo 37. La gestión de los intereses peculiares de los pueblos y de las provincias corresponde respectivamente a los Ayuntamientos y Diputaciones provinciales, con arreglo a las leyes.

Título III. Del Poder Legislativo

Artículo 38. Las Cortes se componen de dos Cuerpos Colegisladores, a saber:

Senado y Congreso. Ambos Cuerpos son iguales en facultades, excepto en los casos previstos en la Constitución.

Artículo 39. El Congreso se renovará totalmente cada tres años. El Senado se renovará por cuartas partes cada tres años.

Artículo 40. Los Senadores y Diputados representarán a toda la Nación, y no exclusivamente a los electores que los nombraren.

Artículo 41. Ningún Senador ni Diputado podrá admitir de sus electores mandato alguno imperativo.

Sección primera. De la celebración y facultades de las Cortes

Artículo 42. Las Cortes se reúnen todos los años.

Corresponde al Rey convocarlas, suspender y cerrar sus sesiones, y disolver uno de los Cuerpos Colegisladores, o ambos a la vez.

Artículo 43. Las Cortes estarán reunidas a lo menos cuatro meses cada año, sin incluir en este tiempo el que se invierta en su constitución. El Rey las convocará, a más tardar, para el día 1.º de Febrero.

Artículo 44. Las Cortes se reunirán necesariamente luego que vacare la Corona o que el Rey se imposibilitare de cualquier modo para el gobierno del Estado.

Artículo 45. Cada uno de los Cuerpos Colegisladores tendrá las facultades siguientes:

1.ª Formar el respectivo Reglamento para su gobierno interior.

2.ª Examinar la legalidad de las elecciones y la aptitud legal de los individuos que lo compongan; y 3.ª Nombrar, al constituirse, su Presidente, Vicepresidentes y Secretarios.

Mientras el Congreso no sea disuelto, su Presidente, Vicepresidentes y Secretarios, continuarán ejerciendo sus cargos durante las tres legislaturas.

El Presidente, Vicepresidentes y Secretarios del Senado se renovarán siempre que haya elección general de dichos cargos en el Congreso.

Artículo 46. No podrá estar reunido uno de los Cuerpos Colegisladores sin que lo esté también el otro, excepto el caso en que el Senado se constituya en Tribunal.

Artículo 47. Los Cuerpos Colegisladores no pueden deliberar juntos, ni en presencia del Rey.

Artículo 48. Las sesiones del Senado y las del Congreso serán públicas, excepto en los casos que necesariamente exijan reserva.

Artículo 49. Ningún proyec to podrá llegar a ser ley sin que antes sea votado en los dos Cuerpos Colegisladores.

Si no hubiera absoluta conformidad entre ambos, se procederá con arreglo a la ley que fija sus relaciones.

Artículo 50. Los proyectos de ley sobre contribuciones, crédito público y fuerza militar se presentarán al Congreso antes que al Senado; y si éste hiciere en ellos alguna alteración que aquél no admita, prevalecerá la resolución del Congreso.

Artículo 51. Las resoluciones de las Cortes se tomarán a pluralidad de votos.

Para votar las leyes se requiere en cada uno de los Cuerpos Colegisladores la presencia de la mitad más uno del número total de los individuos que tengan aprobadas sus actas.

Artículo 52. Ningún proyecto de ley puede aprobarse por las Cortes sino después de haber sido votado, **Artículo** por **Artículo**, en cada uno de los Cuerpos Colegisladores.

Exceptuándose los Códigos o leyes que por su mucha extensión no se presten a la discusión por artículo; pero, aun en este caso, los respectivos proyectos se someterán íntegros a las Cortes.

Artículo 53. Ambos Cuerpos Colegisladores tienen derecho el censura, y cada uno de sus individuos el de interpelación.

Artículo 54. La iniciativa de las leyes corresponde al Rey y a cada uno de los Cuerpos Colegisladores.

Artículo 55. No se podrán presentar en persona, individual ni colectivamente, peticiones a las Cortes.

Tampoco podrán celebrarse, cuando las Cortes estén abiertas, reuniones al aire libre en los alrededores del Palacio de ninguno de los Cuerpos Colegisladores.

Artículo 56. Los Senadores y los Diputados no podrán ser procesados ni detenidos cuando estén abiertas las Cortes, sin permiso del respectivo Cuerpo Colegislador, a no ser hallados *in fraganti*. Así en este caso, como en el de ser procesados o arrestados mientras estuvieren cerradas las Cortes, se dará cuenta al Cuerpo a que pertenezcan, tan luego como se reúna.

Cuando se hubiere dictado sentencia contra un Senador o Diputado en proceso seguido sin el permiso a que se refiere el párrafo anterior, la sentencia no podrá llevarse a efecto hasta que autorice su ejecución el Cuerpo a que pertenezca el procesado.

Artículo 57. Los Senadores y Diputados son inviolables por las opiniones y votos que emitan en el ejercicio de su cargo.

Artículo 58. Además de la potestad legislativa, corresponde a las Cortes:

1.º Recibir al Rey, al sucesor inmediato de la Corona y a la Regencia el juramento de guardar la Constitución y las leyes.

2.º Resolver cualquiera duda de hecho o de derecho que ocurra en orden a la sucesión de la Corona.

3.º Elegir la Regencia del Reino y nombrar el tutor del Rey menor cuando lo previene la Constitución.

4.º Hacer efectiva la responsabilidad de los Ministros; y 5.º Nombrar y separar libremente los Ministros del Tribunal de Cuentas del Reino, sin que el nombramiento pueda recaer en ningún Senador ni Diputado.

Artículo 59. El Senador o Diputado que acepte del Gobierno o de la Casa Real pensión, empleo, comisión con sueldo, honores o condecoraciones, se entenderá que renuncia a su cargo.

Exceptúase de esta disposición el empleo de Ministro de la Corona.

Sección segunda. Del Senado

Artículo 60. Los Senadores se elegirán por provincias.

Al efecto, cada distrito municipal elegirá por sufragio universal un número de compromisarios igual a la sexta parte del de Concejales que deban componer su Ayuntamiento.

Los distritos municipales donde el número de Concejales no llegue a seis, elegirán, sin embargo, un compromisario.

Los compromisarios así elegidos se asociarán a la Diputación provincial respectiva, constituyendo con ella la Junta electoral.

Cada una de estas Juntas elegirá, a pluralidad absoluta de votos, cuatro Senadores.

Artículo 61. Cualquiera que sea en adelante la división territorial, nunca se alterará el número total de Senadores que, con arreglo a lo prescrito en esta Constitución, resulta de la demarcación actual de provincias.

Artículo 62. Para ser elegido Senador se necesita:

1.º Ser español.

2.º Tener cuarenta años de edad.

3.º Gozar de todos los derechos civiles; y 4.º Reunir algunas de las siguientes condiciones:

Ser o haber sido Presidente del Congreso.

Diputado electo en tres elecciones generales, o una vez para Cortes Constituyentes.

Ministro de la Corona.

Presidente del Consejo de Estado, de los Tribunales Supremos, del Consejo Supremo de la Guerra y del Tribunal de Cuentas del Reino.

Capitán general de Ejército o Almirante.

Teniente general o Vicealmirante.

Embajador.

Consejero de Estado.

Magistrado de los Tribunales Supremos, individuo del Consejo Supremo de la Guerra y del Almirantazgo, Ministro del Tribunal de Cuentas del Reino o Ministro plenipotenciario durante dos años.

Arzobispo u Obispo.

Rector de Universidad de la Clase de Catedráticos.

Catedrático de término, con dos años de ejercicio.

Presidente o Director de las Academias Española, de la Historia, de Nobles Artes, de Ciencias Exactas, Físicas y Naturales, de Ciencias Morales y Políticas, y de Ciencias Médicas.

Inspector general de los Cuerpos de ingenieros civiles.

Diputado provincial cuatro veces.

Alcalde dos veces en pueblos de más de 30.000 almas.

Artículo 63. Serán además elegibles los 50 mayores contribuyentes por contribución territorial, y los 20 mayores por subsidio industrial y comercial, de cada provincia.

Artículo 64. El Senado se renovará por cuartas partes, con arreglo a la Ley Electoral, cada vez que se hagan elecciones generales de Diputados.

La renovación será total cuando el Rey disuelva el Senado.

Sección tercera. Del Congreso

Artículo 65. El Congreso se compondrá de un Diputado al menos por cada 40.000 almas de población, elegido con arreglo a la ley Electoral.

Artículo 66. Para ser Diputado se requiere ser español, mayor de edad, y gozar de todos los derechos civiles.

Título IV. Del Rey

Artículo 67. La persona del Rey es inviolable, y no está sujeta a responsabilidad, Son responsables los Ministros.

Artículo 68. El Rey nombra y separa libremente sus Ministros, **Artículo** 69. La potestad de hacer ejecutar las leyes reside en el Rey, y su autoridad de extiende a todo cuanto conduce a la conservación del orden público en lo interior y a la seguridad del Estado en lo exterior, conforme a la Constitución y a las leyes.

Artículo 70. El Rey dispone de las fuerzas de mar y tierra, declara la guerra, y hace y ratifica la paz; dando después cuenta documentada a las Cortes.

Artículo 71. Una sola vez en cada legislatura podrá el Rey suspender las Cortes sin el consentimiento de éstas.

En todo caso, las Cortes no podrán dejar de estar reunidas el tiempo señalado en el **Artículo** 43.

Artículo 72. En el caso de disolución de uno o de ambos Cuerpos Colegisladores, el Real decreto contendrá necesariamente la convocatoria de las Cortes para dentro de tres meses.

Artículo 73. Además de las facultades necesarias para la ejecución de las leyes, corresponde al Rey:

1.º Cuidar de la acuñación de la moneda, en la que se pondrá su busto y nombre.

2.º Conferir los empleos civiles y militares con arreglo a las leyes.

3.º Conceder en igual forma honores y distinciones.

4.º Dirigir las relaciones diplomáticas y comerciales con las demás potencias.

5.º Cuidar de que en todo el Reino se administre pronta y cumplida justicia; y 6.º Indultar a los delincuentes, con arreglo a las leyes, salvo lo dispuesto relativamente a los Ministros.

Artículo 74. El Rey necesita estar autorizado por una ley especial:

1.º Para enajenar, ceder o permutar cualquier parte del territorio español.

2.º Para incorporar cualquier otro territorio al territorio español.

3.º Para admitir tropas extranjeras en el Reino.

4.º Para ratificar los tratados de alianza ofensiva, los especiales de comercio, los que estipulen dar subsidios a una potencia extranjera, y todos aquellos que puedan obligar individualmente a los españoles.

En ningún caso los artículo secretos de un tratado podrán derogar los públicos.

5.º Para conceder amnistías e indultos generales.

6.º Para contraer matrimonio y para permitir que lo contraigan las personas que sean súbditos suyos y tengan derecho a suceder en la Corona, según la Constitución; y 7.º Para abdicar la Corona.

Artículo 75. Al Rey corresponde la facultad de hacer reglamentos para el cumplimiento y aplicación de las leyes, previos los requisitos que las mismas señalen.

Artículo 76. La dotación del Rey se fijará al principio de cada reinado.

Título V. De la sucesión a la corona y de la regencia del Reino

Artículo 77. La autoridad Real será hereditaria.

La sucesión en el Trono seguirá el orden regular de primogenitura y representación, siendo preferida siempre la línea anterior a las posteriores; en la misma línea, el grado más próximo al más remoto; en el mismo grado, el varón a la hembra, y en el mismo sexo, la persona de más edad a la de menos.

Artículo 78. Si llegare a extinguirse la dinastía que sea llamada a la posesión de la Corona, las Cortes harán nuevos llamamientos, como más convenga a la Nación.

Artículo 79. Cuando falleciere el Rey, el nuevo Rey jurará guardar y hacer guardar la Constitución y las Leyes, del mismo modo y en los mismos términos que las Cortes decreten para el primero que ocupe el Trono conforme a la Constitución.

Igual juramento prestará el Príncipe de Asturias cuando cumpla diez y ocho años.

Artículo 80. Las Cortes excluirán de la sucesión a aquellas personas que sean incapaces para gobernar o hayan hecho cosa por que merezcan perder el derecho a la Corona.

Artículo 81. Cuando reine una hembra, su marido no tendrá parte ninguna en el gobierno del Reino.

Artículo 82. El Rey es mayor de edad a los diez y ocho años.

Artículo 83. Cuando el Rey se imposibilitare para ejercer su autoridad, y la imposibilidad fuere reconocida por las Cortes, o vacare la Corona siendo de menor edad el inmediato sucesor, nombrarán las Cortes para gobernar el Reino una Regencia compuesta de una, tres o cinco personas.

Artículo 84. Hasta que las Cortes nombren la Regencia, será gobernado el Reino provisionalmente por el padre, o, en su defecto, por la madre del Rey, y en defecto de ambos, por el Consejo de Ministros.

Artículo 85. La Regencia ejercerá toda la autoridad del Rey, en cuyo nombre se publicarán los actos del Gobierno.

Durante la Regencia no puede hacerse variación alguna en la Constitución.

Artículo 86. Será tutor del Rey menor el que le hubiere nombrado en su testamento el Rey difunto. Si éste no le hubiere nombrado, recaerá la tutela en el padre, y, en su defecto, en la madre mientras permanezcan viudos.

A falta de tutor testamentario o legítimo, le nombrarán las Cortes.

En el primero y tercer caso el tutor ha de ser español de nacimiento.

Las Cortes tendrán respecto de la tutela del Rey las mismas facultades que les concede el **Artículo** 80 en cuanto a la sucesión a la Corona.

Los cargos de Regente y de tutor del Rey no pueden estar reunidos sino en el padre o la madre.

Título VI. De los Ministros

Artículo 87. Todo lo que el Rey mandare o dispusiere en el ejercicio de su autoridad, será firmado por el Ministro a quien corresponda. Ningún funcionario público dará cumplimiento a lo que carezca de este requisito.

Artículo 88. No podrán asistir a las sesiones de las Cortes los Ministros que no pertenezcan a uno de los Cuerpos Colegisladores.

Artículo 89. Los Ministros son responsables ante las Cortes de los delitos que cometan en el ejercicio de sus funciones.

Al Congreso corresponde acusarlos y al Senado juzgarlos.

Las leyes determinarán los casos de responsabilidad de los Ministros, las penas a que estén sujetos y el modo de proceder contra ellos.

Artículo 90. Para que el Rey indulte a los Ministros condenados por el Senado, ha de preceder petición de uno de los Cuerpos Colegisladores.

Título VII. Del Poder Judicial

Artículo 91. A los Tribunales corresponde exclusivamente la potestad de aplicar las leyes en los juicios civiles y criminales.

La justicia se administra en nombre del Rey.

Unos mismos Códigos regirán en toda la Monarquía, sin perjuicio de las variaciones que por particulares circunstancias determinen las leyes.

En ellos no se establecerá más que un solo fuero para todos los españoles en los juicios comunes, civiles y criminales.

Artículo 92. Los Tribunales no aplicarán los reglamentos generales, provinciales y locales sino en cuanto estén conformes con las leyes.

Artículo 93. Se establecerá el juicio por jurados para todos los delitos políticos, y para los comunes que determine la ley.

La ley determinará también las condiciones necesarias para desempeñar el cargo de jurado.

Artículo 94. El Rey nombra los Magistrados y Jueces a propuesta del Consejo de Estado y con arreglo a la ley orgánica de Tribunales.

El ingreso en la carrera judicial será por oposición. Sin embargo, el Rey podrá nombrar hasta la cuarta parte de Magistrados de las Audiencias y del Tribunal Supremo sin sujeción a lo dispuesto en el párrafo anterior, ni a las reglas generales de la ley orgánica de Tribunales pero siempre con audiencia del Consejo de Estado y dentro de las categorías que para estos casos establezca la referida ley.

Artículo 95. Los Magistrados y Jueces no podrán ser depuestos sino por sentencia ejecutoria o por Real decreto acordado en Consejo de Ministros, previa consulta del Consejo de Estado, y al tenor de lo que se disponga en la mencionada ley orgánica.

Tampoco podrán ser trasladados sino por Real decreto expedido con los mismos trámites; pero podrán ser suspendidos por auto de Tribunal competente.

Artículo 96. Los Tribunales, bajo su responsabilidad, no darán posesión a los Magistrados o Jueces que no hubieren sido nombrados con arreglo a la Constitución y a las leyes.

Artículo 97. Los ascensos en la carrera judicial se harán a consulta del Consejo de Estado.

Artículo 98. Los Jueces son responsables personalmente de toda infracción de ley que cometan, según lo que determine la ley de responsabilidad judicial.

Todo español podrá entablar acción pública contra los Jueces o Magistrados por los delitos que cometieren en el ejercicio de su cargo.

Título VIII. De las Diputaciones provinciales y Ayuntamientos

Artículo 99. La organización y atribuciones de las Diputaciones provinciales y Ayuntamientos se regirán por sus respectivas leyes.

Estas se ajustarán a los principios siguientes:

1.º Gobierno y dirección de los intereses peculiares de la provincia o del pueblo por las respectivas Corporaciones.

2.º Publicidad por las sesiones de unas y otras dentro de los límites señalados por la ley.

3.º Publicación de los presupuestos, cuentas y acuerdos importantes de las mismas, 4.º Intervención del Rey, y en su caso de las Cortes, para impedir que las Diputaciones provinciales y los Ayuntamientos se extralimiten de sus atribuciones en perjuicio de los intereses generales y permanentes; y 5.º Determinación de sus facultades en materia de impuestos a fin de que los provinciales y municipales no se hallen nunca en oposición con el sistema tributario del Estado.

Título IX. De las contribuciones y de la fuerza pública

Artículo 100. El Gobierno presentará todos los años a las Cortes los presupuestos de gastos y de ingresos, expresando las alteraciones que haya hecho en los del año anterior.

Cuando las Cortes se reúnan el 1.º de Febrero, los presupuestos habrán de presentarse al Congreso dentro de los diez días siguientes a su reunión.

Artículo 101. El Gobierno presentará, al mismo tiempo que los presupuestos, el balance del último ejercicio, como arreglo a la ley.

Artículo 102. Ningún pago podrá hacerse sino con arreglo a la ley de Presupuestos u otra especial, y por orden del Ministro de Hacienda, en la forma y bajo la responsabilidad que las leyes determinen.

Artículo 103. El Gobierno necesita estar autorizado por una ley para disponer de las propiedades del Estado y para tomar caudales a préstamo sobre el crédito de la Nación.

Artículo 104. La Deuda pública está bajo la salvaguardia de la Nación.

No se hará ningún empréstito sin que se voten al mismo tiempo los recursos necesarios para pagar sus intereses.

Artículo 105. Todas las leyes referentes a ingresos, gastos públicos o crédito público se considerarán como parte del presupuesto y se publicarán con este carácter.

Artículo 106. Las Cortes fijará todos los años, a propuesta del Rey, las fuerzas militares de mar y tierra.

Las leyes que determinen estas fuerzas se votarán antes que la de Presupuestos.

Artículo 107. No puede existir en territorio español fuerza armada permanente que no esté autorizada por una ley.

Título X. De las provincias de Ultramar

Artículo 108. Las Cortes Constituyentes reformarán el sistema actual de gobierno de las provincias de Ultramar, cuando hayan tomado asiento los Diputados de Cuba o Puerto Rico, para hacer extensivos a las mismas, con las modificaciones que se creyeren necesarias, los derechos consignados en la Constitución.

Artículo 109. El régimen por que se gobiernan las provincias españolas situadas en el Archipiélago filipino será reformado por una ley.

Título XI. De la reforma de la Constitución

Artículo 110. Las Cortes, por sí o a propuesta del Rey, podrán acordar la reforma de la Constitución, señalando al efecto el artículo o artículo que hayan de alterarse.

Artículo 111. Hecha esta declaración, el Rey disolverá el Senado y el Congreso, y convocará nuevas Cortes, que se reunirán dentro de los tres meses siguientes. En la convocatoria se insertará la resolución de las Cortes de que habla el **Artículo** anterior.

Artículo 112. Los Cuerpos Colegisladores tendrán el carácter de Constituyentes tan solo para deliberar acerca de la reforma, continuando después con el de Cortes ordinarias. Mientras las Cortes sean Constituyentes, no podrá ser disuelto ninguno de los Cuerpos Colegisladores.

Disposiciones transitorias

Artículo 1.º La ley que en virtud de esta Constitución se haga para elegir la persona del Rey y para resolver las cuestiones a que esta elección diere lugar, formará parte de la Constitución.

Artículo 2.º Hasta que promulgada la ley orgánica de Tribunales, tengan cumplido efecto los artículo 94, 95, 96 y 97 de la Constitución, el Poder ejecutivo podrá dictar las disposiciones conducentes a su aplicación en la parte que sea posible.

Palacio de las Cortes en Madrid a 1.º de Junio de 1869 .—Nicolás María Rivero, Diputado por Madrid, Presidente.—Manuel de Llano y Persi, Diputado por la circunscripción de Alcalá, Secretario.—El Marqués de Sardoal, Diputado por

Motril, Secretario.—Julián Sánchez Ruano, Diputado por Salamanca, Secretario.—Francisco Javier Carratalá, Diputado por Alicante, Secretario.

Libros a la carta

A la carta es un servicio especializado para
empresas,
librerías,
bibliotecas,
editoriales
y centros de enseñanza;
y permite confeccionar libros que, por su formato y concepción, sirven a los propósitos más específicos de estas instituciones.

Las empresas nos encargan ediciones personalizadas para marketing editorial o para regalos institucionales. Y los interesados solicitan, a título personal, ediciones antiguas, o no disponibles en el mercado; y las acompañan con notas y comentarios críticos.

Las ediciones tienen como apoyo un libro de estilo con todo tipo de referencias sobre los criterios de tratamiento tipográfico aplicados a nuestros libros que puede ser consultado en Linkgua-ediciones.com.

Linkgua edita por encargo diferentes versiones de una misma obra con distintos tratamientos ortotipográficos (actualizaciones de carácter divulgativo de un clásico, o versiones estrictamente fieles a la edición original de referencia).

Este servicio de ediciones a la carta le permitirá, si usted se dedica a la enseñanza, tener una forma de hacer pública su interpretación de un texto y, sobre una versión digitalizada «base», usted podrá introducir interpretaciones del texto fuente. Es un tópico que los profesores denuncien en clase los desmanes de una edición, o vayan comentando errores de interpretación de un texto y esta es una solución útil a esa necesidad del mundo académico.

Asimismo publicamos de manera sistemática, en un mismo catálogo, tesis doctorales y actas de congresos académicos, que son distribuidas a través de nuestra Web.

El servicio de «libros a la carta» funciona de dos formas.

1. Tenemos un fondo de libros digitalizados que usted puede personalizar en tiradas de al menos cinco ejemplares. Estas personalizaciones pueden ser de todo tipo: añadir notas de clase para uso de un grupo de estudiantes, introducir logos corporativos para uso con fines de marketing empresarial, etc. etc.

2. Buscamos libros descatalogados de otras editoriales y los reeditamos en tiradas cortas a petición de un cliente.

Printed in Poland
by Amazon Fulfillment
Poland Sp. z o.o., Wrocław